AF189753

Dom

Angststörung

Hilfe zur Selbsthilfe

Bibliografische Information der Deutschen Nationalbibliothek:
Die Deutsche Nationalbibliothek verzeichnet diese Publikation in der Deutschen Nationalbibliografie; detaillierte bibliografische Daten sind im Internet über http://dnb.dnb.de abrufbar.

© 2018 Dom

Herstellung und Verlag: BoD – Books on Demand, Norderstedt

ISBN: 978-3-7481-2853-3

Inhaltsverzeichnis

Kapitel 1 – Die Angst

Was ist eine Angststörung?

Eine Angststörung ist eine Erkrankung, bei der eine Person starke Angstreaktionen zeigt, obwohl es dafür keinen objektiven Grund gibt. Der Betroffene kann die Angst nicht oder kaum kontrollieren.

Ich möchte unsere Angststörung gar nicht Erkrankung nennen. Ich sehe es eher als vorübergehendes Problem oder Handicap.

Bücher zu dem Thema gibt es ja wie Sand am Meer. Als selbst Betroffener habe ich viele davon gelesen. Viele Bücher basieren allerdings auf reiner Theorie. Die Praxis sieht meistens ganz anders aus. Man kann zwar aus jedem Buch etwas mitnehmen, jedoch ist dies oft von keinem bis minimalen Erfolg gekrönt. Häufig wird man von viel zu viel Input erschlagen.

Es ist ja toll mal zu erfahren wie so etwas entsteht und im Gehirn genau funktioniert. Ich empfehle dir auch dich damit mal zu beschäftigen. Allerdings bringt dir das in der Praxis sehr wenig, da es dir ja trotzdem einfach passiert. Deswegen konzentrieren wir uns hier auf die Praxis durch meine jahrelangen Erfahrungen.

Sicherlich kennst du auch die Wartelisten bei Psychologen, wo man teilweise 1 - 2 Jahre auf einen Therapietermin warten muss.
Als Betroffener einer mehrjährigen generalisierten Angststörung habe ich viele Dinge gelernt.

In diesem Ratgeber möchte ich nun mein Wissen, dass ich mir als Betroffener in mehreren Jahren angeeignet habe, an dich weitergeben. Sicherlich könnte man über jedes Kapitel ein eigenes Buch schreiben. Jedoch möchte ich dir hier nur einen Einblick in die Dinge geben, die mir wirklich geholfen haben.

Diese Dinge kannst du dann ausprobieren, für dich weiterentwickeln und umsetzen.

Hier zählt allerdings die Kontinuität. Du musst die Werkzeuge, die du in den folgenden Kapiteln lernen wirst, unbedingt regelmäßig anwenden. Einige solltest du den Rest deines Lebens praktizieren.

Ebenfalls empfehle ich dir ein paar Dinge und Produkte die mir sehr helfen und geholfen haben. Da ich dir in diesem Buch aber nichts verkaufen möchte, gehe ich auf die Produkte nicht weiter ein. Wenn du allerdings eine Produktempfehlung haben möchtest, kannst du mir gerne eine Nachricht schreiben.

So etwas hätte ich mir damals gewünscht. Leider muss man sich selber zu helfen wissen.

Also lass dir eins gesagt sein:

Du bist mit deinem Problem nicht allein!

Angst ist eigentlich nichts Schlechtes. Denn es ist für uns ein Schutzmechanismus. Dieser beschützt uns vor Gefahren und dem Tod.

In der Steinzeit war die Angst noch deutlich wichtiger als heute, da die Menschen dort häufig mit vielen reellen Gefahren konfrontiert waren.

Ängste warnen uns also vor reellen Bedrohungen. Im Zustand der Angst erhöht sich unsere Aufmerksamkeit und Leistungsfähigkeit, während die Reaktionszeit sich verkürzt.

Ausnahme: Die Situation erscheint uns hoffnungslos, dann wirkt die Angst lähmend.

Aktuell gibt es also ein Problem mit deiner Bewertung. Es werden gewisse Situationen als lebensbedrohlich bewertet, obwohl es diese nicht sind.

Dies passiert automatisch von deinem Unterbewusstsein, so schnell wie ein Reflex. Du kannst erstmal nichts dagegen tun.

Gehe also behutsam mit dir um – das ist das Wichtigste.

Konzentriere Dich darauf, viele neue Erfahrungen zu machen.

Nichts und Niemand kann dir Stress machen. Es sind deine Gefühle, die deine Wahrnehmung verändern. Aus diesem Grund sind Lebenskrisen auch immer Wahrnehmungskrisen.

Die Welt ist so wie du sie wahrnimmst. Ist das Glas halbvoll oder halbleer?

Im Moment ist das natürlich alles leichter gesagt als getan.

Du durchlebst jetzt gewisse Lernprozesse und später wirst du stärker und bewusster leben als jemals zuvor!

Kapitel 2 – Der Arzt Check Up

Wenn man mit psychischen Problemen noch gar keine Erfahrung hat und dann plötzlich die ersten Symptome auftauchen, ist man oft der Meinung, dass ein körperliches Problem ursächlich ist.

Zu allererst bitte ich dich also einen guten Neurologen aufzusuchen. Du solltest dich auf den Kopf stellen lassen, damit du ausschließen kannst, dass deine Angst körperliche Ursachen hat.

Lass bitte unbedingt dein Blut untersuchen. Ein guter Arzt sollte hier wissen was zu kontrollieren ist. Ich empfehle dir den Serotoninspiegel kontrollieren zu lassen.

Damit du direkt Hilfe bekommst, kann man auch zu Psychopharmaka greifen. Auf dieses Thema werde ich aber bewusst nicht eingehen. Dies solltest du mit deinem Arzt besprechen, da es sehr viele verschiedene Medikamente gibt, die bei jedem unterschiedlich wirken. Dein Arzt wird entscheiden, ob so ein Medikament bei dir sinnvoll ist.

Eine kleine Anmerkung möchte ich aber zu der Gruppe der SSRI/SNRI Medikamente machen.

Diese wirken erst nach einigen Wochen. Du solltest diese Medikamente immer sehr langsam einschleichen und hinterher wieder sehr langsam ausschleichen. So lassen sich die Nebenwirkungen, die leider auftreten bis sich der Körper darauf eingestellt hat, minimieren.

Google nicht, sondern höre auf deinen Arzt. Das Internet ist voll von Horrorgeschichten, die garantiert nichts für dich sind! Näheres dazu in einem späteren Kapitel.

Meine Empfehlung im Rahmen von Kontrolluntersuchungen wäre außerdem:

Die Schilddrüse

Gerade die Schilddrüsenerkrankung

„Hashimoto-Thyreoiditis"

kann diverse Angstsymptome auslösen. Schilddrüsen-Antikörper richten sich gegen das eigene Schilddrüsengewebe. Sie können im Blut genau gemessen werden.

Die Schilddrüsenhormone sorgen für einen normalen Stoffwechsel. Sie beeinflussen zum Beispiel den Stoffwechsel von den Nährstoffen, unseren Energiestoffwechsel und unser Herz-Kreislauf-System. Verschiedene Erkrankungen können jetzt aber dazu führen, dass die Schilddrüse nicht mehr vernünftig funktioniert.

Die wichtigsten Antikörper sind
MAK, TAK und TRAK:

- MAK steht für Mikrosomale Antikörper,
  also Antikörper gegen unsere Schilddrü-
  sen-Mikrosomen. Diese Antikörper allerdings greifen nicht nur unsere Mikroso-
  men an, sondern vor allem auch das En-
  zym TPO. Daher heißen die mikrosoma-
  len Antikörper auch TPO-Antikörper.

- TAK oder auch Tg-Ak genannt steht für
  Thyreoglobulin-Antikörper. Diese Antikörper greifen das Eiweiß, also das Thyreo-
  globulin an. Aus diesen entstehen die-
  Schilddrüsenhormone T3 und T4.

- TRAK sind TSH-Rezeptor-Antikörper die
  sich auf unsere Rezeptoren setzen. Diese
  sind für das TSH bestimmt. Sie regen unsere Schilddrüse verstärkt an, die Schilddrüsenhormone T3 und T4 ins Blut abzu-
  geben.

Wirbelsäule

Du solltest einen guten Osteopathen/Orthopäden für deine Wirbelsäule aufsuchen. Eine Blockade kann hier durchaus Angst-Symptome auslösen.

Auf die einzelnen Wirbel hier einzugehen würde den Rahmen sprengen. Hier solltest du im Internet genug Literatur finden oder deinen Arzt zurate ziehen.

Störung des vegetativen Nervensystems

Viele Ursachen für Angststörungen lassen sich zwar auf psychischer Basis finden, aber wichtig sind auch unsere biologischen Faktoren. Man konzentriert sich hier besonders auf das vegetative Nervensystem, das bei uns Angstbetroffenen viel empfindlicher ist.

Das bedeutet also: Unser Nervensystem ist besonders labil, wodurch wir besonders hohes Potenzial für eine Angststörung haben. Dabei geht man davon aus, dass sich verschiedene Neurotransmitter nicht mehr im Gleichgewicht befinden.

Störung des limbischen Systems

Interessant ist auch unser limbisches System, das ja das Zentrum unserer Emotionen ist. Man spricht hier von einer falschen Kommunikation zwischen Hypothalamus, Amygdala und Hippocampus.

Funktions- oder Kommunikationsfehler mit anderen Gehirnregionen können schneller Angst begünstigen. Es könnte zum Beispiel unser Stresshormon vorschnell ausgeschüttet werden, angeregt durch unsere Mandelkerne, auch als Amygdala bezeichnet.

Vitaminmangel/Mineralienmangel

Du solltest ebenfalls ein paar Werte hiervon testen lassen, da Mängel ebenfalls Angst auslösen können. Ich empfehle Vitamin B1, B6, B12, Vitamin D3, Zink, Eisen und Magnesium kontrollieren zu lassen.

Da Vitamine allgemein wichtig sind und alle ihre Daseinsberechtigung haben, gehe ich hier nur auf die, für uns Angstpatienten, wichtigsten Vitamine und Mineralien ein und beschreibe nur die Symptome, die für uns interessant sind:

Vitamin B Gruppe

Symptome von Vitamin-B-Mangel können Angst, Unruhe, Müdigkeit, Reizbarkeit und emotionale Instabilität sein.

Vitamin B1

Vitamin B1 trägt zur Energiegewinnung aus der Nahrung bei und ist erforderlich für damit unser Nervensystem vernünftig funktioniert.

Vitamin B12

Vitamin B12 brauchen wir für neue Zellen und damit die Nerven funktionieren.
Vitamin B12 brauchen wir auch für die Erbsubstanzsynthese und die Zellerneuerung.
Um Folsäure zu aktivieren wird auch Vitamin B12 benötigt.

Vitamin D3

Vitamin D ist an vielen Körper- und Stoffwechselfunktionen beteiligt wie zum Beispiel:

- Die Synthese von eigenem Antibiotika

- Ein intaktes Immunsystem und Abwehr

- von Erregern

- Die Stressbewältigung

- Ein besserer Schlaf und innerliche Ruhe

- Eine normale Zellteilung

- Die Reduzierung von Entzündungen

- Ein Gleichgewicht unserer Hormone

- Aufmerksamkeit und Lebensfreude

- Die Reduzierung von Stress

- Die optimale Kommunikation zwischen unseren Zellen

- Die geistige Leistungsfunktion

Es gibt Studien die zeigen, dass etwa 80-90% der Menschen an einem leichten bis etwas stärkeren Vitamin D Mangel leiden. Die Gründe für so einen Mangel können sehr verschieden sein und hängen natürlich auch mit der Ernährungsweise und dem allgemeinen Lebensstil zusammen. Auch das Land wo man lebt ist entscheidend. Ob zum Beispiel viel die Sonne scheint.

Mineralstoffe

Eisen

Eisen ist ein essentielles Spurenelement, das an vielen Prozessen des Körpers beteiligt ist. Unter anderem an unserer Blutbildung. Damit die Prozesse vernünftig funktionieren, muss Eisen bereit stehen.

Symptome für Eisenmangel sind:

- Angst

- Depressionen

- Müdigkeit

- Abgeschlagenheit

- Körperliche Leistungseinbrüche

- Blässe

- Haarausfall

- Brüchige Nägel

- Eingerissene Mundwinkel

- Konzentrationsschwäche

- Vergesslichkeit

- Anfälligkeit für Infektionen

Zink

Zink ist wichtig für ein starkes Immunsystem und bei unserer Energieproduktion.

Es ist auch besonders wichtig für die Bildung unserer weißen Blutkörperchen und ist auch in den Schilddrüsen- und Sexualhormonen drin.

Magnesium

Magnesium trägt dazu bei, dass unser Nervensystem und Muskeln normal funktionieren. Auch für eine normale psychische Funktion ist es da.

Ebenfalls wird die Eiweißsynthese, die Zellteilung und der Energiestoffwechsel positiv beeinflusst.

Des Weiteren wird unsere Müdigkeit durch Magnesium verringert.

Allerdings befindet sich das meiste Magnesium in unserem Skelett. Dort sorgt es für die Erhaltung von Knochen und Zähnen.

Kapitel 3 – Psychotherapie

Die Psychotherapie solltest du zu deiner ärztlichen Untersuchung unbedingt schon mal parallel angehen, da leider alle Psychologen in der Regel keine Termine zur Verfügung haben. Man sollte sich hier also frühzeitig auf die Wartelisten setzen lassen.

Setz dich auch unbedingt mit deiner Krankenkasse in Verbindung. Deine Krankenkasse ist dazu verpflichtet dir innerhalb von drei Monaten einen Therapieplatz zur Verfügung zu stellen.

Auch wenn du der Meinung bist, dass deine Angstsymptome körperliche Gründe haben:

MACH ES TROTZDEM!

Ich war monatelang sehr davon überzeugt ein körperliches Problem zu haben, da ich bisher mit psychischen Problemen keine Erfahrung hatte. So stehst du schon mal auf der Warteliste.

Sollte sich herausstellen, dass deine Angstsymptome wirklich körperliche Gründe haben, kannst du immer noch den Psychologen wieder absagen.

Bei einer Angststörung ist die Verhaltenstherapie die erste Wahl.

Was ist eine Verhaltenstherapie?

Die Verhaltenstherapie besteht aus vielen unterschiedlichen Methoden. Sie zielt darauf ab, dich letztlich zur Selbsthilfe anzuleiten.

Der Verhaltenstherapie zufolge ist unser Leben durch Lernvorgänge geprägt. Gute und schlechte Erfahrungen verstärken Verhaltensweisen oder schwächen sie ab. Auch psychische Störungen können nach dieser Theorie aufgrund ungünstiger oder belastender Lernerfahrungen entstehen. Hat ein Mensch einmal falsche Verhaltensweisen gelernt, die zu Problemen führen, geht die Verhaltenstherapie davon aus, dass er sie auch wieder verlernen kann.

Der Betroffene eignet sich neue Einstellungen und Verhaltensweisen an, um Ängste zu überwinden oder sein Selbstvertrauen zu stärken.

Die Verhaltenstherapie setzt also im Hier und Jetzt an.

Der Therapeut erarbeitet mit dem Betroffenen, warum er in der aktuellen Situation Beschwerden hat. Der Schwerpunkt liegt nicht darauf, Probleme aus der Vergangenheit oder Kindheit aufzuarbeiten, um die Wurzeln der Beschwerden zu erkennen. Der Betroffene soll sich vielmehr neue Sicht- und Verhaltensweisen aneignen, um die Probleme zu überwinden.
Dabei setzt der Psychotherapeut zum Beispiel Angstbewältigungsstrategien, Rollenspiele, Ver-

haltensübungen, Vorstellungsübungen (mentales Training) und Entspannungsverfahren ein.

Wie läuft eine Verhaltenstherapie ab?

Am Anfang der Therapie bespricht der Therapeut mit dem Betroffenen dessen Problematik und untersucht, welche Verhaltensweisen zu der Angststörung geführt haben. In der modernen Verhaltenstherapie werden dafür auch Gefühle, Gedanken und körperliche Prozesse genauer betrachtet. Die erweiterte Verhaltensanalyse schließt außerdem das Umfeld des Betroffenen mit ein, wie zum Beispiel das Verhalten von Familienmitgliedern, Arbeitskollegen, Freunden und Bekannten.

Nachdem der Therapeut das Problem und die dazu führenden Verhaltensweisen analysiert hat, legt er zusammen mit dem Betroffenen die Therapie in einer Zielvereinbarung fest. Sind die Ziele bestimmt, wählen Therapeut und der Betroffene gemeinsam die passenden Methoden aus. In der Verhaltenstherapie können inzwischen mehr als fünfzig verschiedene Verfahren eingesetzt werden.

Die Bekanntesten sind das Konfrontationsverfahren und die kognitive Verhaltenstherapie.

Konfrontationstherapie

Die Konfrontationstherapie erfolgt vor allem, um Angst- und Zwangsstörungen zu behandeln. Wenn der Betroffene zustimmt, wird er Schritt für Schritt seinen angstauslösenden Reizen ausgesetzt. Dies können zum Beispiel bei Angsterkrankungen enge Räume (Klaustrophobie) oder große Plätze (Agoraphobie) sein, oder soziale Situationen wie sprechen vor anderen (soziale Phobie). Bei speziellen Ängsten lösen einzelne Reize, wie zum Beispiel Spinnen oder große Höhe, Panikreaktionen aus.

Durch die langsame, schrittweise Gewöhnung unter Aufsicht des Therapeuten erlebt der Betroffene, dass sich die Angst nicht ins Unendliche steigert, auch wenn er nicht aus der Situation flieht. Ähnlich funktioniert es mit Zwangsstörungen. Der Betroffene erkennt, dass kein schreckliches Ereignis eintritt, wenn er seine zwanghaften Handlungen nicht ausführen darf. So kann er durch die Konfrontation die Angst beziehungsweise den Zwang verlernen.

Kognitive Verhaltenstherapie

Im Mittelpunkt des kognitiven Therapieverfahrens steht weniger das Handeln des Betroffenen, sondern vielmehr seine Einstellungen, Gedanken, Bewertungen und Überzeugungen. Der Betroffene soll lernen, seine Sichtweisen und Reaktionen auf Ereignisse und Dinge zu ändern, also aktiv zu gestalten. Depressive Betroffene kann es damit gelingen, negative durch rationalere Gedanken zu ersetzen. Menschen mit psychosomatischen Erkrankungen können eine verzerrte Körperwahrnehmung und Fehlinterpretationen von Körperwahrnehmungen abbauen beziehungsweise korrigieren.

Häufig eingesetzte Techniken sind unter anderem das Sammeln und Aufzeichnen automatisch sich einstellender Gedanken, und das Argumentieren dagegen. Zusätzlich lernt der Betroffene das Realitätstesten und Entkatastrophisieren von Gedanken.

Bei welchen seelischen Problemen kann eine Verhaltenstherapie helfen?

Die Verhaltenstherapie bietet Hilfe, wenn das Denken, Fühlen, Erleben oder Handeln gestört ist. Sie ist für Erwachsene sowie für Kinder und Jugendliche geeignet.
Besonders bewährt hat sie sich bei Depressionen und Ängsten, wie Phobien und Panikattacken, sowie bei Essstörungen, Süchten und Zwängen. Therapeuten setzen sie auch bei der Hilfe nach Traumata (zum Beispiel nach Unfällen oder Missbrauch), Selbstsicherheitsproblemen, stressbedingten Erkrankungen wie Burnout und Lebenskrisen ein. Die Verhaltenstherapie selbst verzichtet auf Medikamente. Sie kann aber auch begleitend medikamentöse und andere medizinische Behandlungen ergänzen.

Wie lange dauert eine Verhaltenstherapie?

Bei ambulanten Psychotherapien in der gesetzlichen Krankenversicherung gibt es sogenannte Kurzzeittherapien und Langzeittherapien. Die Behandlungsdauer variiert zwischen durchschnittlich 25 und 45 Stunden, wobei eine Therapiestunde ungefähr 50 Minuten lang ist. Üblicherweise erfolgt bei einer laufenden Therapie eine Sitzung pro Woche. Manche Probleme lassen sich aber auch schneller lösen, dann sind beispielsweise nur zehn Stunden nötig. Die Krankenkassen bezahlen höchstens 80 Therapiestunden.

Ab dem 1.4.2017 werden die Therapieformen um eine mögliche Akutbehandlung (12 Stunden) ergänzt, sowie die Möglichkeit, in einer freien Sprechstunde abklären zu lassen, ob eine Therapie nötig ist bzw. eine Beratung zu bekommen, welches Verfahren sich hierfür eignet.

Faktoren für den Therapieerfolg

Was im Einzelfall die richtige Therapieform oder Kombination ist, kann der Experte beurteilen. Ebenso wichtig wie die Therapieform ist allerdings auch, dass die Beziehung zwischen Betroffenen und Therapeut stimmt. Fühlt sich der Betroffene im Gespräch mit einem Therapeuten gut aufgehoben, ist eine wichtige Voraussetzung für den Therapieerfolg erfüllt.

Kapitel 4 – Google nicht!

Wir haben ein Symptom oder mehrere Symptome. Also googlen wir doch einfach mal danach, was das denn genau sein könnte?!

EIN FATALER FEHLER!
(Für Angststörungsbetroffene)

In den meisten Fällen hast du beim Googlen immer Krebs.

So war es zumindest bei mir. Ich kann mich noch gut daran erinnern, wie oft ich mit absurden Geschichten beim Arzt gesessen habe.

Es hat einige Zeit gedauert, bis ich begriffen habe, das Googlen einfach einzustellen.

Man neigt auch dazu nach Gleichgesinnten zu suchen. Der Ansatz ist gar nicht so verkehrt, aber stößt man dann natürlich auf diverse Foren im Internet, wo man die verschiedensten Horrorgeschichten lesen kann.

Jede Geschichte, jede Art von Symptomen, jeder Mensch ist anders. Keiner außer dir ist deinen Weg gegangen. Du kannst dich hier nicht mit anderen Menschen vergleichen.

Du kannst dir Tipps und Ratschläge holen, so wie ich dir in diesem Ratgeber, aber umsetzen musst du sie alleine. Ob sie dir helfen oder nicht helfen, dass entscheidest du durch dein Verständnis und die Umsetzung.

Ebenfalls solltest du dir keine Erfahrungsberichte zu Medikamenten oder Nahrungsergänzungsmitteln durchlesen. Deine Medikamente besprichst du mit deinem Arzt.

Man sollte sich immer bewusst machen, wer postet in der Regel in Foren?

Richtig, Menschen die Probleme mit etwas haben.
Mit Google stößt du also nur auf Menschen mit Problemen.

Was ist mit den ganzen anderen Menschen, bei denen das Problem nicht vorhanden oder gelöst ist?
Zum Beispiel die Menschen bei denen die Medikamente oder die Nahrungsergänzungsmittel gut wirken?

Diese posten in der Regel nichts dazu im Internet. Also wirst du automatisch überwiegend nur negative Beiträge finden.
Aus diesem Grund solltest du nicht danach suchen.

Halte dich an deinen Arzt, gute Literatur, positive Menschen und Dinge die dir Freude bereiten.

Auch Zeitungen und Nachrichten können Angst
auslösen.

Krieg, Terror und Unfälle gab es schon immer.
Aber heutzutage sind sie viel näher an uns dran.
Ursache sind die mediale Entwicklung und die
Social Media Plattformen. Diese sind in diesem
Fall leider nicht sehr positiv.

Lies und höre deshalb wenig oder am besten
keine Nachrichten. Du wirst die wichtigsten Dinge
sowieso automatisch mitbekommen. Durch
Freunde, Familie oder im Radio wird das Wichtigste weiter kommuniziert.

Kapitel 5 – Akzeptanz

Akzeptiere, was ist.

Akzeptiere, dass es immer Sonnen- und Schattenseiten geben wird.

Wenn es im Leben eine Weile bergauf geht, wird es ganz sicher bald mal wieder bergab gehen. Aber die gute Neuigkeit ist dann, wenn es uns eine Weile schlechtgeht, dann kann es nur noch bergauf gehen.

Ein Berg gibt es nicht ohne Tal. Oben gibt es nicht ohne unten.

Egal in welcher Situation wir uns im Leben befinden. Es gibt immer eine negative und eine positive Seite.

Was hier so gelassen klingt, mag in dir gehörigen Widerstand hervorrufen. „Jetzt muss ich das auch noch akzeptieren!"

Etwas, was wir nicht kontrollieren können, zieht einem meistens den Boden unter den Füßen weg.

Auch wenn es schwer ist, lerne die Angst zu akzeptieren. Verdränge Sie nicht. Sie will dir den richtigen Weg zeigen und dich beschützen. Leider erkennt man das oft erst später.

Was wäre denn das Schlimmste was passieren könnte?

Setze dich in Situationen, wo die Angst kommt, damit auseinander. Sie kann dich nicht umbringen.
Angstgefühle fühlen sich zwar sehr unangenehm an, können aber keinen wirklichen Schaden anrichten. Die Angst will dich nur beschützen.

Etwas sehr Unangenehmes zu akzeptieren ist natürlich nicht einfach. Je mehr du allerdings gegen die Angst und Panik ankämpfst, desto schlimmer wird sie werden. Du musst sie akzeptieren, nicht bekämpfen. Sie gehört zu dir.

Vielleicht hast du dir nicht genug Aufmerksamkeit gewidmet oder deinem Körper zu viel emotionalen Stress zugemutet, so wie ich es getan habe und jetzt hat mein Körper die Handbremse gezogen.

Er zwingt dich dazu, sich mit Ihm zu beschäftigen. Aber keine Sorge. Wenn du dich an meine Ratschläge hältst, wird es dir bald deutlich besser gehen.

Dies kannst du auf alle Situationen anwenden, die du nicht ändern kannst.

Beispiel:

Im Straßenverkehr (30er Zone) ist ein langsames Auto vor dir, das 20 Kilometer pro Stunde fährt. Du hast es eilig und regst dich darüber tierisch auf.

In dieser Situation musst du dir mal bewusst machen, was dir die Aufregung eigentlich bringt?

Innerliche Unruhe, Wut, Gehässigkeit?

Der Fahrer vor dir lacht vielleicht sogar über dich, weil du dich so aufregst.

Was hättest du denn jetzt für Möglichkeiten?

- Überholen
- Überholen und dich rächen
- Weiter dahinter bleiben und dich aufregen
- Ruhig bleiben

Ich denke, was hier am besten ist, müssen wir nicht weiter besprechen.

Lerne ruhig zu bleiben, denn du kannst es sowieso nicht ändern. Dies kannst du wunderbar selbst im Straßenverkehr trainieren.

Wenn du dich wieder aufregst, mach dir wieder schnell bewusst:

Was bringt mir die Aufregung?

Dann wirst du meistens schon entspannter.

Ich höre häufig gute Podcasts im Auto zu Themen die mich im Leben weiterbringen und interessieren.

Vielleicht ist das auch eine gute Idee für dich? Damit lenkst du dich etwas von der Aufregung ab. Probiere es einfach aus.

Wichtig ist also hier:

Akzeptiere Dinge die du nicht ändern oder beeinflussen kannst!

Beobachte dich immer wenn du dich aufregst oder ärgerst. Stell dir sofort die Frage:

Was ändert sich an der Situation wenn du dich aufregst?

Im Nachgang wirst du immer erkennen, dass es besser gewesen wäre, einfach entspannt zu bleiben.

Du schadest dir nur selber, wenn du dich über andere Menschen oder Dinge aufregst.

Kapitel 6 – Achtsamkeit

„Achtsamkeit ist die Fähigkeit eines Menschen, sich geistig zu sammeln und sich auf diese Weise auf seine zentralen Werte und seine innere Motivation zurückzubesinnen"(Dalai Lama).

Zwischen deinen Ohren sitzt ein kleiner Terrorist. Am Tag denken Menschen zwischen 60000 und 80000 Gedanken.

Achtsamkeit ist eine Form der Aufmerksamkeit im Zusammenhang mit einem besonderen Wahrnehmungs- und Bewusstseinszustand und wird als spezielle Persönlichkeitseigenschaft sowie als Methode zur Verminderung von Leiden verstanden.

Es bedeutet nichts anderes als:

Bleibe mit deiner Aufmerksamkeit im hier und jetzt.

Wie oft laufen wir durch die Stadt und entdecken auf einmal neue Läden, die wir vorher gar nicht wahrgenommen haben. Dies passiert, da wir meistens im „Automodus", also unachtsam unterwegs sind. Viele dieser Personen kennst du sicherlich.

Smombies!

Smartphone Zombies, die nur auf ihr Handy
schauen und die Realität vergessen.
Vielleicht bist du auch einer?

Achte bewusst auf deine Umgebung und alle
anderen Dinge, die dich umgeben. Beobachte
die Menschen und Tiere. Du wirst sicherlich viele
tolle Dinge entdecken, die du vorher noch nie
wahrgenommen hast.

Schenke anderen Menschen ein Lächeln und
achte mal auf ihre Reaktionen. Vielleicht lächeln
sie zurück oder schauen dich nur verwundert an.
Nimm die Reaktionen wahr.

Gehe aufrecht. Zieh die Schultern zurück und
strecke die Brust raus. Schaue nach vorne und
nicht auf den Boden.
Ängstliche und depressive Menschen schauen
meistens nach unten. Achte mal darauf.

Die bekannteste Aufmerksamkeitsübung ist übri-
gens die Meditation.

„So ein Blödsinn" habe ich früher gedacht.
Jetzt weiß ich die Meditation sehr zu schätzen.

Ab heute solltest du jeden Tag 10 - 20 Minuten
meditieren. Natürlich auch gerne mehr. Immer
wenn du Zeit und Lust dazu hast oder du einfach

Ruhe in den Körper und den Geist bringen möchtest.

Das machst du jetzt einfach täglich für den Rest deines Lebens!!!

Du wirst schnell merken, dass du durch diese Übung eine tolle Ruhe in deinen Körper bekommst und sie schnell zu schätzen wissen. Mittlerweile freue ich mich richtig auf meine täglichen Meditationen.

Außerdem trainierst du dadurch deine Achtsamkeit und bleibst besser mit deinen Gedanken in der Gegenwart. Nämlich im hier und jetzt.

Unser Gehirn ist in der Regel faul. Es möchte ungern neue Dinge lernen und versucht immer schnell alles im Unterbewusstsein abzuspeichern. Wir lieben nichts mehr als die Gewohnheit.

Ich nehme wieder das Beispiel: Auto fahren

Wenn du einen Führerschein hast und täglich dein Auto bewegst, dann denkst du nicht mehr darüber nach, wie das Schalten bzw., das Ein- und Auskuppeln funktioniert. Du steigst einfach in dein Auto ein und fährst los.

Alles läuft automatisch, da dies in deinem Unterbewusstsein gespeichert ist. Klasse oder?

Leider nicht ganz so Klasse, sonst hätten wir ja keine Angststörung.

Ruhe zu schätzen wissen

Wer immer nur Gas gibt und sich nie Pausen gönnt, ist bald ausgebrannt.

Plane deshalb ganz bewusst Auszeiten ein. Diese kannst du in deinen Tagesablauf integrieren, in dem du von Zeit zu Zeit 5 Minuten nichts machst, meditierst oder dir mal kurz die Beine vertrittst.

Plane auch mal Ruhetage ein.

Leg dir z. B. einen Tag fest, den du zum Wellnesstag machst. Fahr in die Sauna und lass dein Handy den ganzen Tag im Schrank. Genieße die Ruhe, die Wärme. Tu dies am besten mit einem guten Freund oder Freundin.

Kapitel 7 – Gedanken

Zu Beginn einer Angststörung, gerade zu Beginn, haben sich meine Gedanken ständig um das Handicap gedreht. Ich habe quasi permanent über folgendes nachgedacht.

- Was ist das?

- Was stimmt mit mir nicht?

- Wie werde ich das wieder los?

- Wie geht es jetzt weiter?

- Kann ich überhaupt noch arbeiten gehen?

- Muss ich in die Psychiatrie?

- Ich will das nicht!

- Ich kann doch nichts psychisches haben!

- In ein paar Monaten ist das bestimmt wieder weg!

Zunächst einmal, ist das völlig normal!

Wer will so etwas schon haben? Es ist dir ja noch fremd. Du bist körperlich gesund und kannst das einfach nicht verstehen und nachvollziehen.

Wie auch?

Allerdings ist es jetzt so, dass du es nicht ändern kannst. Egal wie sehr du dich darüber aufregst und dagegen kämpfst. Es ist nun so!

Akzeptiere es.

Ich habe mich in dieser Phase auf Dinge konzentriert, die mir Freude gemacht haben:

- Gute Gespräche mit verständnisvollen Freunden

- Raus in die Natur, spazieren gehen

- Gute Bücher lesen

- Anspruchsvolle Computerspiele, die dich fordern und gleichzeitig Spaß machen

- Arbeiten gehen und auf seine Arbeit fokussieren

- Generell viel Sport

Du weißt auch nicht wie lange es dich begleiten wird. Vielleicht nur einen Monat. Vielleicht auch dein ganzes Leben.

Ich möchte dir jetzt keine weitere Angst machen, sondern dir nur klar machen, dass du es nicht wissen kannst.

Ich hatte nämlich den Gedanken: „Ich hab das Problem jetzt eine gewisse Zeit und in einem Jahr bin ich das Problem wieder los."

Als das Jahr rum war, hatte ich aber immer noch das Problem. „Und jetzt?" habe ich mich gefragt.

Lebe dein Leben weiter! Nur halt mit Handicap. Lass dich nicht einschränken und ziehe dich nicht zurück.
Es gibt nur das „Jetzt". Die Vergangenheit ist vorbei und wird nie wieder kommen. Die Zukunft gibt es noch nicht! Wenn du morgens aufstehst, dann ist immer heute!

Willst du jetzt deine besten Lebensjahre ver-schenken, in der Hoffnung, dass die Probleme nächstes Jahr vorbei sein könnten?

Lebe dein Leben!

Je eher du das verstehst, desto besser.

Angst ist ein sehr vereinnahmendes Gefühl. In dem Moment der Angst blendet man alles andere aus und kämpft dagegen, da man ja will, dass es aufhört.

Im Endeffekt ist es aber total harmlos. Du kannst nicht vor Angst sterben.

Mach dir das immer wieder bewusst!

Kapitel 8 – Gedankenspiralen

Gedankenspiralen oder auch Zwangsgedanken haben mich manchmal heimgesucht.

Diese wurden durch negative Sätze ausgelöst, die jemand zu mir gesagt hat oder die ich irgendwo gelesen habe.

Das kannst du nicht verhindern. Das geht so schnell wie ein Reflex, da dein Gehirn alles gespeichert hat und die aktuellen Erlebnisse immer mit bereits Erlebtem abgleicht.

So schnell kann auch ein Gedanke eine negative Spirale auslösen. Gedanken sind sehr machtvoll. Natürlich nur, wenn du sie auch glaubst und weiter über sie nachdenkst. Man kann nämlich den Gedanken auch einfach weiterziehen lassen.

Ich habe zum Beispiel einen Bericht von einer Person mit generalisierter Angststörung gelesen. Diese hat erzählt, dass eines Tages die Medikamente nicht mehr gewirkt haben.

Dieser Satz hat bei mir sofort eine negative Gedankenspirale ausgelöst.

„Oh Gott, was ist, wenn das auch bei mir passiert?"
Und dann kam die Angst.

Ich hatte Angst davor, wieder Angst zu bekommen. Angst vor der Angst. Ein Teufelskreis. Mehr dazu im nächsten Kapitel.

Ich fing an, Katastrophengedanken zu denken.

Dies kann dann zu einer Panikattacke führen. Ich hatte auch das Gefühl, nichts gegen die Gedanken machen zu können. Sie kamen schnell in meinen Kopf und wiederholten sich:

- Jetzt fängt das wieder an!

- Das hört ja nie auf!

- Muss ich jetzt in die Psychiatrie!

- Ich verliere bestimmt meinen Job!

In diesem Moment musst du dir bewusst werden, was passiert. Durchbrich die Gedanken nun durch:

- Achtsamkeit, meditieren

- Treib sofort Sport

- Such ein gutes Gespräch oder ruf jemanden an!

- Mach Musik an, springe, tanze oder singe!

- Hör gute Podcasts

Manchmal bekommt man sich nicht fokussiert und wird von seinen Gedanken belästigt. Dann hilft oft nur Bewegung. Egal was! Hauptsache du powerst dich aus.

Wenn dir so etwas allerdings im Büro passiert, ist es natürlich etwas schwieriger.

Hier ist es immer vorteilhaft, wenn du eingeweihte Kollegen mit Verständnis für dein Problem hast. Suche dann das Gespräch mit den Kollegen und rede darüber was dir gerade Angst macht.

Hier ein paar Tipps für das Büro:

- Unterhalte dich mit eingeweihten oder/und verständnisvollen Kollegen.

- Mach eine Pause und geh an die Luft. Jogge vielleicht eine kurze Runde.

- Ruf dir im Internet Erklärungen zum Thema Angststörungen auf und lies sie, wie Angst entsteht und das es eigentlich ganz harmlos ist. Meistens beruhigt man sich dann schon. Zumindest hat mir das geholfen. Du kannst auch diesen Ratgeber lesen.

Es gibt auch Notfallmedikamente für aussichtslose Situationen wie zum Beispiel: Diazepam.

Diese Art von Medikamenten solltest du nur selten und im größten Notfall einsetzen, da sie eine hohe Suchtgefahr haben. Wende dich dafür bitte an deinen Arzt. Dein Ziel sollte es sein, dass Problem ohne Medikamente zu lösen.

Kapitel 9 – Angst vor der Angst

Man erlebt eine Panikattacke. In dem Moment spürt man nur Angst. Man ist einfach nur angsterfüllt. Alles andere wird automatisch ausgeblendet.

So etwas willst du natürlich nicht wieder erleben oder?

Es entwickelt sich eine Angst davor, wieder Angst (eine Panikattacke) zu bekommen.

Man hat also nicht nur die eigentliche Angst als Handicap, sondern zusätzlich noch die Angst, wieder Angst zu bekommen. Bei mir war die Angst vor der Angst sogar irgendwann stärker als die eigentliche Angst.

Ein Teufelskreis.

Du willst doch nur deine innere Ruhe und wieder ein normales Leben führen.

Aber keine Sorge. Alles was du verlernen kannst, kannst du auch wieder erlernen.

Das ist doch wesentlich besser als in einigen Jahren an einem Herzinfarkt zu sterben, weil du deinen Körper durch zu viel Stress überlastet hast oder?

Das ist das Positive im Negativen.
Du bekommst jetzt die Möglichkeit, dich selber besser kennenzulernen.
Quasi eine 2. Chance.

Freu dich darüber.

Es ist ein Lernprozess und du wirst danach stärker als je zuvor sein. Du wirst auch dein Wissen drastisch steigern und ein viel besseres Körpergefühl bekommen.

Kapitel 10 – Glaubenssätze - programmiere dich um

Nur weil du an etwas glaubst, muss es nicht wahr sein.
Es heißt schließlich Glaubenssätze und nicht Wahrheitssätze.

Glaubenssätze sind Überzeugungen, die wir uns aus bestimmten Erfahrungen gebildet haben oder die wir von anderen Menschen übernommen haben.

Typische Glaubenssätze sind zum Beispiel:

- Andere wollen mich immer betrügen

- Geld macht gierig

- Menschen können nicht treu sein

- Ich bin hässlich

- Ich bin dick, dünn, groß oder klein

Warum bilden wir uns solche Glaubenssätze?

Glaubenssätze sind für viele Menschen wie ein Geländer, an dem man sich festhalten kann und das uns vor Enttäuschungen schützt.

Tatsächlich aber können diese Überzeugungen dazu beitragen, dass wir immer wieder Enttäuschungen erleben, da wir selbst durch unsere Erwartungen oft genau solche Situationen anziehen, in denen wir uns in unserem Glaubenssatz bestätigt sehen.

Das Gute daran ist, dass wir unserem Unterbewusstsein alles einprogrammieren können was wir wollen und das Ganze ist auch noch sehr einfach.

Durch simples wiederholen, kannst du deinem Unterbewusstsein alles beibringen, da dein Gehirn faul ist. Dies können wir uns nun zu Nutze machen.

Wir haben ja im vorherigen Kapitel: „Achtsamkeit" gelernt, dass viele Dinge im Automodus ablaufen. Genauso ist es auch mit deiner Angst.

Deshalb bekommst du in bestimmten Situationen einfach Angst und wunderst dich, warum ist das so.

Der Automodus läuft.

Dein Unterbewusstsein bewertet eine Situation als Gefahr, die aber eigentlich ungefährlich für dich ist.

Also programmierst du dir jetzt neue Glaubenssätze ein:

Durch simple, regemäßige Wiederholungen.

Deine Aufgabe ab heute ist folgende:

Jeden Morgen, wenn du aufstehst, gehst du zu deinem Spiegel und sagst 50 Mal:

- Ich denke positiv

- Ich bin ein Geschenk für die Welt

Wenn du das noch optimieren möchtest, was ich dir auch empfehle, dann schreibst du jeden morgen 50x diese Sätze. Das kannst du auch langsam steigern.

Dies machst du ab heute einfach den Rest deines Lebens täglich!

Natürlich kannst du auch andere positive Sätze verwenden. Jedoch solltest du nicht „mutig", „angstfrei" oder dergleichen verwenden.

Mutig bist du, wenn du dich einer Angstsituation stellst. Dies ist aber nicht das Gegenteil von Angst.

Ein Toller Spruch den ich mal gelesen habe ist:

„Verändere deine Glaubenssätze und Du veränderst den Fokus deiner Wahrnehmung der Welt. Damit verändert sich die Welt für dich. So wirst du alles für dich möglich machen!"

Kapitel 11 – Suchst du Glück, dann geh in die Wüste

Willst du glücklich sein und innere Ruhe erleben, dann geh in die Wüste.

Hört sich im ersten Moment seltsam an, ist jedoch die Wahrheit.
Der Hintergrund ist das Monotone. In diesem Fall der Sand. Soweit das Auge reicht nur Sand, nichts anderes!

In unserem täglichen Leben sehen wir uns oft einer unnatürlichen Geräuschkulisse ausgesetzt, in der wir permanent Klänge filtern müssen, um Informationen zu verarbeiten und einzuschätzen.

Oft werden wir abgelenkt und müssen schnell Entscheidungen treffen, um einer Fehleinschätzung entgegen zu wirken. Die Zeit um dich zu erholen und mal abzuschalten gibt es schlichtweg nicht. Das Handy, der Fernseher, negative Menschen sind hier nur ein paar Beispiele.

Möchtest du nun aus diesem Chaos entkommen, suche eine monotone Umgebung und/oder tue etwas Monotones.

Beispiele Aktivitäten:

- Joggen

- Biken

- wandern

Beispiele Orte:

- Natur

- Lagerfeuer

- Kerzenschein

- Sonnenuntergang

Bei diesen Dingen erlebst du glückliches, achtsames Sein. Hier kannst du Kraft tanken und dich erholen.

Auch der Faktor Zeit ist nur eine Illusion in unserem Kopf.
Die Vergangenheit ist vorbei. Sie wird nie wiederkommen.

Und die Zukunft? Die kommt noch? Ebenfalls ein Trugschluss. Wenn du morgen aufwachst, wachst du dann in der Zukunft auf? Nein, denn wenn du wach wirst, bist du wieder in der Gegenwart. Die Zukunft gibt es also nicht.

Hast du also Angst vor bevorstehenden Ereignissen, mach dir klar, dass du keine Angst vor dem Ereignis hast, sondern die Angst von deiner Erwartung kommt.

Glücklich ist der, der akzeptiert, was nicht mehr zu ändern ist und akzeptiert, dass man nicht alles kontrollieren kann.

Das ist wahres Glück.

Kapitel 12 – Durch die Angst hin-
durch

Der einzige Weg aus der Angst ist durch die Angst hindurch.

Jetzt ist es wichtig, dass du genau das tust, was dir unmöglich erscheint:

Lass die Angst vollkommen zu!

Nimm sie an, lade sie ein, fühle sie bewusst. Konzentriere dich voll und ganz auf das Gefühl ohne es zu bekämpfen.

Du wirst spüren, dass Angstgefühle nichts weiter als Energie sind. Je intensiver du sie zulässt, desto schneller verschwinden sie wieder.

Verwechsle das Spüren der Angstgefühle nicht mit Angstgedanken. Angstgedanken sollst du weder intensivieren, noch zulassen, noch aus-bauen.

Identifiziere alle angstauslösenden Gedanken, stoppe sie sofort und konzentriere dich auf das körperliche Gefühl.

Sammle Erfolgserlebnisse und überschreibe die alte Gewohnheit. Versuche einen Kreislauf ein-zuüben:

1) Stelle Dich den angstvoll besetzen Situationen, erwische dich dabei, wenn du dir selbst durch deine Gedanken Angst machst und frage dich:

Welche Gedanken habe ich gerade?
Was bringt mir das?
Stimmt das eigentlich?
Ist das wahr?

Wie wahrscheinlich ist es, dass meine Befürchtungen eintreffen? Könnte mir ein anderer Gedanke viel besser helfen? Denke um oder stoppe die negativen Gedanken.

2) Die Gefühle, die durch deine angstvollen Gedanken zunächst noch ausgelöst werden, nimmst du als körperliche Antwort darauf als Energie bewusst wahr und spürst sie, bis sie wieder verschwunden ist. Das wird in weniger als einer Minute geschehen sein.

3) Atme dabei bewusst tief und regelmäßig in den Bauch. Lasse keine neuen Angstgedanken zu. Regelmäßiges, ruhiges Weiteratmen kann ebenfalls verhindern, dass sich die Angst zur Panikattacke steigert.

Dein Atem ist hier ein tolles Werkzeug um die Angst zu kontrollieren. Panikattacken gehen steht's mit schneller Schnappatmung einher. Wenn du jetzt aber tief einatmest und ganz langsam aus, dann kannst du keine Panik bekommen.

Du kannst dich auch an angstauslösenden Situation langsam herantasten und dich jedes Mal ein wenig steigern.

Hast du zum Beispiel Angst vor Menschenmassen?

Dann gehe in die Stadt und stell dich in eine Menschenmenge.

Erst 10sek, Pause, danach 15sek, Pause, danach 20sek usw.

Du kannst dich steigern und verbessern. Konzentriere dich auf eine ruhige Atmung und lass keine negativen Gedanken zu.

Als Angstpatient neigt man leider dazu, sich sehr zurückzuziehen und alle angstauslösenden Situationen zu vermeiden.

Eine Vermeidungsstrategie der angstauslösenden Situationen empfehle ich dir nicht. Dadurch wird es nur schlimmer.

Stell dich den Situationen, auch wenn es schwer fällt.

Denk immer dran, dass es „nur" Angst ist und gehe einfach strategisch, vorsichtig dosiert an die Situationen heran.

Kapitel 13 – Negative Menschen

Kennst du Menschen, die dir ständig nur von Problemen erzählen, schlechte Laune haben, alles schlecht reden, ständig von Krankheiten reden und dir sagen wie schlecht das Leben ist?

Ich habe es häufig probiert diese Menschen darauf hinzuweisen und glaube mir, es ist, als wollte man einem Menschen das Fliegen beibringen.

Diese Strategie kommt aus der Ecke:
„Etwas stimmt mit dir nicht und das musst du dringend ändern".

Meine Erfahrung sagt mir, dass diese Möglichkeit die Situation meist nur verschlimmert, weil dir die Person dann erst recht beweisen will, dass sie recht hat.
Es könnte auch zu einem Streit kommen. Einige Menschen werden auch aggressiv wenn man richtig liegt.

Eine weitere häufige Strategie ist, dass positive Menschen die negativen Menschen meiden.

Sie gehen ihnen aus dem Weg, um nicht mehr mit dieser Negativität konfrontiert zu werden.

Schön, wenn es klappt!

Doch manchmal ist es nur bedingt möglich, der negativen Person aus dem Weg zu gehen, zum Beispiel dann, wenn sie am gleichen Ort arbeitet, womöglich Teil deines Teams ist oder zu deiner Familie gehört.

Schritt 1: Erkennen

Negativität, negative Gedanken und negative Gefühle entstehen in einem selbst.

Jeder von uns hat eine bestimmte Art und Weise, auf eine gegebene Situation zu reagieren. Im Laufe unseres Lebens erlernen wir Reaktionsmuster, die sich durch Wiederholungen festigen.

Sie werden gewissermaßen automatisiert und können durch das bloße Vorhandensein eines Reizes, einer Situation oder eines bestimmten Verhaltens eines Mitmenschen ausgelöst werden.

Die negative Person ist nicht dafür verantwortlich, dass sie in uns diese Knöpfe drückt.

Wir geben ihr schließlich die Erlaubnis und damit die Macht, diese zu aktivieren. Sie kann genau genommen nichts für die Existenz dieser Knöpfe.

Sie mag der Auslöser, aber nicht der Grund für deren Existenz sein.
Durch die Erkenntnis, dass besagte Knöpfe in uns selbst existieren, wird es erst überhaupt

möglich, sich als aktiver Gestalter anstatt als Opfer der Situation wahrzunehmen.

Wichtig ist also zunächst zu erkennen, dass Negativität, wenn auch von außen angestiftet, zuerst in uns selbst entsteht.

Die gute Nachricht an der Stelle ist: Wenn der Ärger in uns selbst entsteht, steht es auch in unserer Macht, ihn zu dämpfen.

Schritt 2: Ärger nutzen

Wenn du einmal deinen Ärger wahrgenommen und erkannt hast, dann kommt der Moment, wo du den Absprung schaffen musst.

Andernfalls wirst du selbst schon bald von der Negativitätsspirale mitgerissen. Dann reagierst du selbst gereizt und negativ.

Du schaffst den Absprung, indem du deinen Ärger konstruktiv nutzt. Dein Ärger ist ein Indikator dafür, dass dich etwas an der anderen Person stört. Er kann ein Indikator für ein wenig förderliches, automatisches Reaktionsmuster sein.

Wenn du dich ärgerst, dann frag dich also:

- Welche sind meine Knöpfe?

- Kann ich Reaktionsmuster bei mir erkennen?

- Weshalb ärgere ich mich?

Sind automatische Reaktionsmuster bei dir am Werk, werden diese häufig von ebenfalls automatischen, schwer kontrollierbaren Emotionen begleitet.

Durch diesen Schritt bringst du etwas mehr Verstand in ein sonst weitgehend von automatischen Emotionen beherrschtes Verhalten und kannst von der negativen Person ablassen.

Dieser Schritt nach innen und zu sich selbst ermöglicht dir den Austritt aus der Negativitätsspirale.

Dein Ärger mag sich zu diesem Zeitpunkt zwar nicht in Luft aufgelöst haben, aber du wirst bemerken, dass dieser schon deutlich abgenommen hat.

Schritt 3: Verständnis aufbauen

Nach Schritt zwei hast du es geschafft, das anfänglich negative Gefühl etwas zu neutralisieren.

Das wollen wir in Schritt 3 vertiefen. Frag dich zunächst:

Weshalb verhält sich die negative Person so?

Ergründe, warum die negative Person so handelt. Mit wachsendem Verständnis verschwindet

die eigene Negativität, der Groll und der Ärger über die andere Person.
Denn: Sobald wir mit dem Verstand etwas begreifen, kommen wir automatisch besser damit zurecht.

Denk mal an junge Eltern. Diese versuchen sich stets das Verhalten ihres Babys zu erschließen. Sie suchen Erklärungen, und wenn sie eine gefunden haben, wird ihre Verzweiflung schlagartig weniger. Im Zweifel sind es immer die Zähne.

Unerklärliche Verhaltensweisen und Phänomene haben dagegen etwas Unheimliches.
Sie verunsichern und verärgern uns.

Vielleicht wirst du niemals erfahren, ob du mit deinen Erklärungen richtig liegst, aber das ist auch nicht entscheidend.

Entscheidend ist, dass du mit deinen Hypothesen für mehr Klarheit sorgst.

Schritt 4: Empathie

Hast du eine Erklärung für das Verhalten der negativen Person gefunden, bist du nun in der Lage mitzufühlen.

Frag dich: Welche unbefriedigten Bedürfnisse stecken hinter dem Verhalten der negativen Person?

Die Antwort darauf wird Mitgefühl in dir auslösen.

Empathie ist der Schlüssel zum Abbau von Ärger anderen Menschen gegenüber.

Spätestens dann, wenn du es schaffst, mit deinem negativen Gegenüber mitzufühlen, wird dein Ärger vollständig verschwinden. Doch was so einfach klingt, ist mit sehr viel Kraft verbunden.

Denn du musst es praktisch schaffen, ein negatives Gefühl nicht nur zu neutralisieren, sondern sogar in etwas Positives wie Empathie zu verwandeln.

Das kostet sehr viel Energie, es erfordert emotionale Reife und Übung.
Vielleicht fragst du dich an dieser Stelle, weshalb du so viel Energie in Mitgefühl mit dieser negativen Person stecken solltest.

Denk dran: Du nimmst diese seelische Anstrengung nicht für dein Gegenüber auf dich, sondern für dich selbst.

Du bist dabei, für dich einen Weg zu finden, mit Negativität umzugehen, ohne dich selbst anzustecken.

Mich hat diese einfache Strategie schon häufig bei Familientreffen gerettet und ich hätte mir im Interesse aller gewünscht, dass andere Anwesende sie ebenfalls anwenden.

Sie hilft, einen kühlen Kopf zu bewahren, und verhindert, dass man sich von seinen Emotionen

zu Aussagen und Taten leiten lässt, die man später bereut.

Besonders Schritt drei und vier helfen mir immer
wieder, mit Kindern wie mit Erwachsenen klarzu-
kommen, die ich im Umgang als schwierig emp-
finde.

Kapitel 14 – Sport

Sport reduziert Angst und Anspannung.

Ein Problem ist allerdings, dass gerade Menschen mit einer Angststörung häufig körperliche Anstrengungen vermeiden, weil diese zu körperlichen Veränderungen wie z. B. Herzrasen führen können. Deshalb ist es wichtig diese Hemmschwelle zu überwinden.

Hier empfehle ich klein anzufangen. Idealerweise draußen in der Natur.

In einer Umgebung wo du dich wohlfühlst. Joggen oder Fahrrad fahren sind hervorragend dafür geeignet.

Man kann sich auch anfangs ein Ergometer für zuhause zulegen.

Auch ein Fitnessstudio ist sehr gut geeignet.

Wichtig ist hier auch wieder die Kontinuität. Mach es regelmäßig!

Der Besuch im Fitnessstudio gehört bei mir zum täglichen Ritual, da mir Sport hilft die innere Anspannung abzubauen und Stress zu reduzieren.

Kapitel 15 – Ernährung

Ich habe festgestellt, dass bei mir eine gesunde vollwertige Ernährung in Verbindung mit Vitaminen und Mineralien als Nahrungsergänzung zu einem besseren Wohlbefinden geführt haben.

Eine gesunde Ernährung ist die optimale Ernährungsweise. Eine Ernährungsweise, die dem Organismus das gibt, was er braucht.

Eine Ernährungsweise, mit der man – wenn man krank ist – gesund wird und – wenn man gesund ist – dauerhaft gesund bleibt.

Kompromisse gehst du sicher früher oder später ein. Wenn du klug bist, jedoch nur in einem Masse, den dein Körper in seinem Gesundheitszustand auch verkraften kann.

Solange du aber nicht weißt, was wirklich gesunde Ernährung ist, weil du von allen Seiten immer mit Kompromissen oder sogar falschen Behauptungen abgespeist wirst, dann kannst du auch nicht entscheiden, inwieweit du dich an die Regeln wirklich gesunder Ernährung hältst oder nicht.

Die Lebensmittelindustrie

Die einfachste Methode, um zu entscheiden, ob dieses oder jenes Lebensmittel und ob diese oder jene Zubereitungsart zu einer gesunden Ernährung gehört, besteht darin, sich zu überlegen, ob es dieses oder jenes Produkt ohne die Hilfe der Lebensmittelindustrie geben würde.

Wenn nein, dann wird es gemieden oder so zubereitet, dass es gesund wird.

Nehmen wir beispielsweise Chips aus Kartoffeln. Hier fällt die Entscheidung nicht sehr schwer. Chips werden industriell hergestellt.

Wenn man Glück hat, handelt es sich um Kartoffelscheiben, oft genug jedoch um Kartoffelpulver, das in Scheibenform gepresst, mit billigem Fett frittiert, mit Farbstoffen verschönert und mit Geschmacksverstärkern versetzt wurde.

Kartoffelchips, wie sie im Supermarkt verkauft werden, gäbe es ohne die Lebensmittelindustrie nicht, weshalb sie auch nicht zu einer gesunden Ernährung gehören.

Wenn du jedoch biologisch angebaute Kartoffeln in Scheiben schneidest und bei niedrigen Temperaturen selbst trocknest oder im Backofen backst, anschließend mit hochwertigem Pflanzenöl beträufelst, mit Kristallsalz, Paprikapulver und Kräutern würzt und frisch verzehrst, dann können diese Kartoffelchips "Marke Eigenbau" Bestandteil einer gesunden Ernährung sein.

Also konzentriere dich auf unverarbeitete Lebensmittel und ernähre dich ausgewogen. Bio Produkte sind grundsätzlich zu bevorzugen.

Kapitel 16 – Nahrungsergänzung

Ich habe sehr viele Nahrungsergänzungsprodukte ausprobiert.

Viele davon halfen bei mir nicht, manche ein bisschen und eines recht gut.

Ich habe den Eindruck, dass mein Körper durch die Angststörung mehr Vitamine & Mineralien verbraucht. Mein Wohlbefinden steigt bei der Einnahme der folgenden Produkte:

- Allgemeines Vitamin & Mineralien Produkt

- Magnesium

- Zink

- Omega 3 Fettsäuren

Weitere Nahrungsergänzungsmittel, die ich ausprobiert habe und die mir etwas gebracht haben, waren die Folgenden:

- Quinoa & Amaranth Kapseln (leichte Besserung nach 14 Tagen)

- L-Arginin (leichte Besserung sofort)

- CBD Tropfen (gute Besserung nach 10 Tagen)

Die besten Erfahrungen habe ich mit CBD Tropfen gemacht.
Deswegen möchte ich auf dieses Produkt noch
näher eingehen:

Was ist CBD?

CBD steht für Cannabidiol und ist eine von über
100 nachgewiesenen Komponenten der Canna-
bispflanze (Cannabinoide).

Jedoch handelt es sich hierbei um ein ganz be-
sonderes Cannabinoid, welches aufgrund seiner
Wirkung auf psychische und physische Gesundheit immer mehr in den Fokus der Wissenschaft
rückt.

Anders als das psychisch wirkende THC (Delta9-
Tetrahydrocannabinol), verantwortlich für die
allgemeine Reputation der Pflanze, hat CBD kei-
nerlei berauschende oder psychoaktive Wirkung.
Vielmehr ist nach aktuellem Stand der Forschung
noch keine relevante Nebenwirkung des Can-
nabinoids CBD bekannt - auch nicht in hohen
Dosierungen.

Welche Funktion hat CBD?

Die Phytocannabidoide, Terpene und Flavonoide
sind körperähnliche chemische Verbindungen,
die auf das menschliche und tierische Endocan-
nabinoid-System wirken.

Die Rezeptoren dafür befinden sich vor allem im Gehirn. CBD ist in der Lage mit diesen Zellen zu interagieren.

Direkt oder indirekt kann CBD laut diversen Forschungsergebnissen folgendes beeinflussen:

- Vanilloidrezeptoren beeinflussen die Schmerzregulation

- Adenosinrezeptoren regeln den Schlaf-Wach-Zyklus

- Serotonin-Rezeptoren regeln die Stimmungs- und Stressbewältigung

Entourage Effekt

Die Bezeichnung „Entourage-Effekt" stammt aus der Cannabis–Forschung und besagt, dass ein Pflanzenstoffgemisch eine höhere biologische Aktivität besitzt, als die isolierte Reinsubstanz selbst.

Die Hanfpflanze besitzt eine Vielzahl von Phytocannabinoiden und Terpenen was beim sogenannten Entourage- oder Synergie-Effekt eine entscheidende Rolle spielt.

Durch die Kombination verschiedener Cannabinoide mit Terpenen wird eine optimierte Wirkung erzielt, wodurch die Zufuhr von Cannabidiol (CBD) in bereits moderaten Dosierungen herausragende gesundheitliche Ergebnisse erzielt.

Diese Wirkungsverstärkung kann schon durch den Erhalt gewisser Pflanzenstoffe, insbesondere der Terpene und weiterer Phytocannabinoide, erreicht werden.

CBD als Nahrungsergänzungsmittel unterstützt Erfahrungsgemäß bei:

- Beklemmungserscheinungen und posttraumatischem Stress

- Schizophrenie

- Epilepsie

- Krebs

- Diabetes

- Nervenkrankheiten

- Fettleibigkeit

- Dystonie und Dyskinesie
  Sucht

- Unwohlsein und Brechreiz

- BSE

- Alzheimer Krankheit

- Entzündungen

- Hepatitis

- Beschädigungen von Gehirn und Leber

- Sepsis

- Hautkrankheiten

- Allergien und Asthma

- Schlafstörungen

Anwendung:

Die meisten Menschen nehmen 3-7 Tropfen oder mehr, wie gewünscht 2 - 3 Mal am Tag.
Ich empfehle klein anzufangen und schrittweise zu erhöhen, bis sich das gewünschte Ergebnis zeigt.

Kann morgens und abends, vor oder nach den Mahlzeiten eingenommen werden.
Das Öl löst sich auch in Fett, wie z. B. Milch, und wird so besser aufgenommen.

Rechtliche Hinweise

Nahrungsergänzungsmittel stellen keinen Ersatz für abwechslungs-
reiche Ernährung dar. Eine ausgewogene Ernährung und gesunde
Lebensweise sind wichtig. Die empfohlene tägliche Verzehrmenge
nicht überschreiten. Außerhalb der Reichweite von kleinen Kindern
aufbewahren.
Kühl und trocken lagern
Kühl und lichtgeschützt aufbewahren
Vor Gebrauch schütteln!
Wir empfehlen die Einnahme von CBD-Produkten mit Ihrem Arzt zu
besprechen, denn wir dürfen aus rechtlichen Gründen, bezüglich
der Wirkungsweise und Anwendungsgebiete, keine medizinischen
Aussagen treffen.

Kapitel 17 – 100%

Wenn die Angst uns erst einmal erfüllt hat, kämpfen wir oft dagegen an. Wir wollen ja nicht, dass sie sich weiter steigert.

Dies ist manchmal ein Gefühl, als würde man durchdrehen oder man hat einfach Angst davor durchzudrehen.

Mach dir bewusst, dass es eine 100 % Grenze gibt. Die Angst steigert sich nicht ins Unermessliche weiter. Was passiert also?

Du bekommst eine Panikattacke. Sicherlich ist diese nicht angenehm, aber es ist auch die Grenze. Danach kommst du runter und bist erschöpft, da dein Körper gerade eine Höchstleistung vollbracht hat.

Das war es! Es geht nicht weiter. Du drehst auch nicht durch.

Das kann man auch üben. Indem man eine Panikattacke provoziert und sich dann bewusst macht, dass es eine 100% Grenze gibt.

Dies empfehle ich dir allerdings nur, wenn du schon einige Erfahrungen mit Angststörungen gesammelt hast.

Man neigt dazu, die Angst abzumildern und Gegenmaßnahmen zu ergreifen, damit es gar nicht erst zu einer Panikattacke kommt.

Diese Konfrontation ist allerdings nicht für jeden geeignet. Aber es ist eine wirkungsvolle Methode.

Nur du entscheidest, ob du dies ausprobierst!

Du hast nun viele neue Werkzeuge, Tipps und Ratschläge kennengelernt.

Diese kannst du jetzt bei dir regelmäßig anwenden und für dich weiter optimieren.

Weißt du eigentlich, dass du gar nicht verlieren kannst?

Du kannst nur gewinnen oder du lernst etwas dazu.

Im Prinzip eine win/win Situation. Im Moment siehst du das wahrscheinlich ganz anders.

Erfolgreiche Menschen sind die, die am häufigsten hingefallen sind. Sie sind aber immer wieder aufgestanden und weiter gelaufen. Genau darum geht es. Das fällt dir meistens erst Jahre später auf, wenn du auf dein Leben zurückblickst.

Die goldene Regel ist also:

Gib niemals auf! Niemals!

Kapitel 18 – Zusammenfassung

Fassen wir nun das Erlernte nochmal kurz zusammen:

- Lass dich beim Arzt durchchecken

- Mache eine Psychotherapie

- Google nicht

- Akzeptiere deinen Zustand

- Meditiere täglich

- Gehe achtsam durch den Tag

- Gönn dir Auszeiten und nutze die Monotonie

- Präge dir täglich positive Glaubenssätze ein

- Stelle dich deiner Angst

- Lerne mit negativen Menschen umzugehen

- Treibe Sport

- Optimiere deine Ernährung

Dies geht natürlich nicht von heute auf morgen.
Es ist ein Lernprozess, den du jetzt durchlaufen
musst.

Lese diesen Ratgeber öfters.
Immer wenn du Zeit hast, wenn es dir schlecht
geht oder du spontan von Angst überfallen wirst.

Mittlerweile muss ich sagen:

Ich bin sehr froh, dass ich diese Angststörung
bekommen habe.

Makaber oder?

Ich habe dadurch sehr viel über mich gelernt.
Diese Erfahrungen möchte ich nicht mehr mis-
sen.

Meine Lebensziele haben sich stark verändert
und meine Körperwahrnehmung hat sich stark
verbessert.

Ich wünsche dir auf deinem Wege nur das Beste.

Solltest du Produktempfehlungen benötigen,
kannst du mich unter:

buch.angst@gmail.com

kontaktieren.

Gib niemals auf!

Quellenangaben

Seite 21 – 25 - Verhaltenstherapie: Lernen fürs Leben, von Dr. Alexandra Kirsten
https://www.apotheken-umschau.de/Verhaltenstherapie

Seite 52 – 53 - Ängste überwinden und Angstzustände auflösen, von Brigitta C. Kemner
http://www.brigitta-kemner.com/motivation/aengste-ueberwinden-und-angstzustaende-aufloesen/

Seite 55 – 61 - Wie du mit negativen Menschen umgehen kannst, ohne selbst negativ zu werden, von Jessica Peterka-Bonetta
https://www.zeitzuleben.de/wie-sie-mit-negativen-menschen-umgehen-ohne-selbst-negativ-zu-werden/

Seite 63 – 65 - Gesunde Ernährung, Autor: Zentrum der Gesundheit
https://www.zentrum-der-gesundheit.de/gesunde-ernaehrung.html